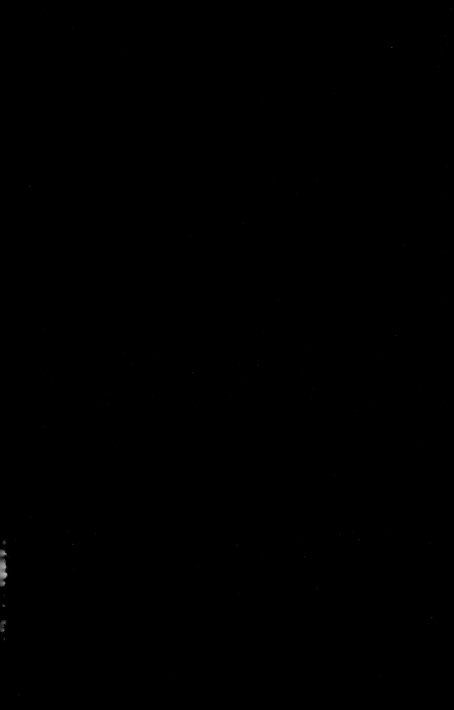

ハマトンの
知的生活のすすめ

Intellectual Life

Philip Gilbert Hamerton

P.G.ハマトン

三輪裕範 編訳

Discover
ディスカヴァー

ハマトンの知的生活のすすめ

まえがき

本書は英国の著述家であり美術雑誌の編集者であったP・G・ハマトンが1873年に刊行した知的生活論、自己啓発論の世界的名著である『知的生活』から現代人に必要な部分を精選して編訳したものです。

ハマトンの『知的生活』については、渡部昇一氏がベストセラーである『知的生活の方法』（講談社現代新書）を執筆するきっかけとなったことで有名であり、同氏と下谷和幸氏による翻訳も講談社学術文庫から出版されています。

ということで、多少なりとも知的生活や自己啓発に関心のある方にとっては、ハマトンの『知的生活』はよく知られた存在だと思います。皆様の中には、すでにお読みになった方もいらっしゃるのではないかと思います。

実際、私も『知的生活』を初めて読んだのは前記の翻訳本によってでした。私がこの翻訳本を読んだのは大学の最終学年のときでしたが、そのころから自分も将来は本に囲まれた知的生活がしたいと強く望んでいたので、ハマトンがこの名著の中で与えてくれている知的生活に関するアドバイスの一つひとつが心に染み入るように入ってきたことを今でもはっきりと覚えています。そして、そのときから、私にとってハマトンの『知的生活』は折に触れて読み返す、まさに座右の書になりました。

現代に通じる「健康」の重視

ではハマトンは、いったい知的生活に関するどんなアドバイスをしてくれているのでしょうか。詳しくはこのあと本書をお読み頂きたいと思いますが、ハマトンが『知的生活』の中で特に強調しているのは知的生活における健康の重要性です。

こうしたハマトンの考え方を象徴しているのが、その第一章を「知的生活における肉体的基礎」と題し、真っ先に健康の重要性について深く考察していることです。ハマトンは「傑出した知性の持主が自己の能力を十二分に発揮し続けていられるのも、彼らが、机に向いづめの生活からくる悪影響を防いでいるからにほかなりません」とし、運動不足による肉体および知的活動面における重大な悪影響に警鐘を鳴らしています。

それでは、そうした悪影響を防ぐためにはどうすればいいのでしょうか。それに対してハマトンは、「幸運なる弛緩状態」になることを勧めています。ハマトンは、「疲れきった頭脳は、自ら進んで厳しい仕事をもとめ、さらに疲労を増そうとはけっしてしません」とし、そのようなときには「自然の本能が要求するものを容れてやり、たとえわずかの間でも、疲れるような仕事のことなど忘れるように生活を調整すること」を勧めています。

今では私たちにとって健康がいかに大切であるかということは常識になっていますが、今から約150年も前の時代にハマトンが知的生活における健康の問題を真っ先に取り上げたことは、まさに驚くべきことであり、時代に先駆けた慧眼だったといえるでしょう。

実際、日本では今でも毎年、数多くの知的生活に関する本が出版されています。しかし、これだけ健康問題に対する国民的関心が高まっているにもかかわらず、そうした知的生活関連本で健康の問題を真っ先に取り上げているものは見たことがありません。そうした意味でも、ハマトンの『知的生活』に書かれていることは非常に現代的であり、150年前の人々に対してよりも、むしろ私たちのように今を生きる人々により共感を呼ぶ内容になっているといえます。

傑出した時間術

また、ハマトンはこうした健康の問題以外に、知的生活における時間の重要性についても力説しています。そうした時間に関するハマトンの考えの中で最も興味深く、考えさせられるのは、自分の研究の前途に能力的、時間的な限界が見えたときには、潔くそれを認め、その研究を諦めるように説いていることです。

たしかにハマトンが言うように、何事にせよ一つのことに精通するためには「一生の大半という永い年月が必要」になりますが、それがあまりにも自明のことであるために、人は「かえってのんき気な気持になってしまい、時間を節約すべき時に浪費」してしまいがちになります。

そうした意味でも、自分の残りの人生の間に、果たして今手がけている研究を「完全にものにできるか」どうかについて常に自問自答する必要があります。そして、もしそれができそうもないと判断したときには潔くその研究を断念することが最も有効な時間節約の方法だと論じています。

そのようにして特定の研究を断念すると、それを断念することによって浮いた時間を継続する他の研究に充てることができるので、より有効な時間の使い方ができるようになります。

しかし、この段階で終わっていては、本当に有効な時間の使い方にはなりません。単に継続する研究と断念する研究を選別するだけではなく、継続する研究についても、そこから一歩進めて、「どの程度まで研究を推し進めるか、その厳密な限界を設定すること」が必要だとハマトンは力説しています。こうしたハマトンの考え方を最もよく表しているのが、「何をやるかということよりも、何をせずにおくかということのほうが、はるかに重要であることが多い」という言葉です。

このように、ハマトンの時間論は昨今の日本の知的生活論の多くに見られるような小手先の時間節約術とは趣を大いに異にする、大変ユニークなものになっています。

充実した知的生活のためのエッセンス

言うまでもないことですが、ハマトンが『知的生活』の中で論じている問題は、もちろん、このような健康と時間の問題だけではありません。これら以外にも、ハマトンは教育、金銭、習慣と伝統、女性と結婚、貴族階級と庶民階級、交際と孤独、知性の衛生学、商売と知的職業、環境の問題など、充実した知的生活を送るためには必ず考えておかねばならない諸問題について、豊富な人生経験と透徹した思索をした人にのみ可能な極めて含蓄のあるユニークな論を展開しています。

ただ、残念ながら、渡部氏らによる翻訳本は550ページを超える大著であるため、相当の忍耐力がなければ、なかなか通読することができません。

また、前記の通り、この本は今からほぼ150年前、日本でいえば明治維新直後に書かれたものであるという時代的制約もあるため、特に「女性と結婚」や「貴族階級と庶民階級について」などハマトンが書いた内容の中には、現代の考え方にはそぐわないものや、女性蔑視ともとられかねないところが散見されます。

本書では、そうした今の時代にそぐわない、あるいは不適切だと思われるような部分については除き、知的生活を目指す現代人にとって有益だと思われるハマトン流知的生活論のエッセンスを分かりやすく書くように努めました。

ハマトンは『知的生活』のまえがきの中で、「知的に生きるということは、何かを成し遂げることであるというよりは、むしろ、最も高邁でかつより純粋な真理を熱烈に求めることなのです」と述べています。この言葉が表しているように、ハマトンにとって知的生活とはそれによって得られる具体的な研究成果ではなく、何よりも人間としての正しい生き方や、世の中の真理を希求するという生活全般に対する心的態度のことでした。

本書がそうした心的態度、さらには知的生活全般に対する皆様の関心を刺激する一助になることができれば、筆者にとってこれ以上の喜びはありません。

２０１８年年４月　三輪裕範

まえがき

1 「知的」とはどういうことか

001 知的生活は誰にでも開かれている
002 何の苦労もない生活は知性の発達を妨げる
003 知的な人はどこにいても何かを学べる
004 気高い思考を求めよ
005 人を知的にするのは知識ではなく「徳」だ
006 知的に生きるとは、真理を求めてやまないこと
007 知的生活に年齢は関係ない
008 知的な生き方そのものが高貴だ

2 健康こそが知的生活の基盤

009 知的活動には肉体的な基礎が不可欠だ

010 健康は蓄えておくことができない
011 どんな薬も運動に勝るものはない
012 体が求める休息を受け入れよ
013 完全な休息が必要だ
014 知的生活は良質な睡眠から生まれる
015 知的生活は健康な肉体から生まれる
016 健康に最高の投資をせよ
017 運動が知的生活を支える

3 仕事に打ち込むことが人生を豊かにする

018 仕事に打ち込めば、退屈など感じない
019 労を惜しんでは成果があがらない
020 地道な努力を続けよ
021 人一倍の努力が業績につながる
022 芸術は苦しみとの戦いの成果だ
023 知的な仕事は過程を楽しむものだ
024 焦って仕事をしてもうまくいかない

025 経験によって自分の限界を把握する
026 知性とともに精神的な強さを持て
027 自ら修練しなければ知性は磨けない
028 意志の力で才能は伸ばせる
029 厳しい訓練を積んでこそ、望みはかなう
030 文章がその人の精神的な力を表す
031 誰でも文学が書けるわけではない
032 教養なき者に魂は宿らない
033 考える努力を続けてこそインスピレーションが湧く
034 好き嫌いを軽視してはいけない
035 自分の好き嫌いが他人と違うことを気にするな
036 公平無私な心が知的生活の支えとなる
037 自制心が大望をかなえる
038 知的冷静さを持つ
039 能力を浪費するな
040 名声に囚われると知的な仕事が妨げられる
041 他人の評価を求めない
042 文筆という活動は薬にも毒にもなる

043 大衆への迎合に腐心してはいけない
044 名を知られることを求めてはいけない
045 習慣が人の幸福を左右する
046 苦しみを知ることは人生を豊かにする
047 知的な活動は精神を満足させる
048 身体が衰えたときにこそ、知的な仕事の価値は高まる

4 知識があるだけでは知的とはいえない

049 知識は精神的な向上に結びつかなければ意味がない
050 知識は増やせばよいというものではない
051 無駄な知識を増やすな
052 一つのことを究めれば、その対象へ深く入り込むことができる
053 一つのことを究めないと知的な喜びを得られない
054 あまりに多くのことを同時に勉強してはいけない
055 知識は常に使わなければ意味がない

5　学びの目的を定める

056　研究対象を掘り下げることが知的な喜びだ
057　一つのことを学び続けよ
058　学ぶ対象を絞ることで知的生活は充実する
059　知識の幅を広げることがよいとは限らない
060　一見非実用的な研究も、大いに役立つことがある
061　勉強の成果はやがて影響しあう
062　幅広い読書からアイディアが得られる
063　多く学ぶより深く学べ
064　忘れることも大切だ
065　興味のないことを無理に学ぼうとしてはいけない
066　興味が湧くものはあなたにとって大切なものだ
067　あなたの興味があなたの個性となる
068　物事の本質を結びつけることが知性の訓練となる
069　覚えるためには構造を理解しなければならない
070　関連と構造がなければ雑学にすぎない
071　自分にとって大切でないものは覚えなくてよい

072 勉強の軸を決める
073 原書を読むことにこだわらない

6 時間を効率的に使う

074 教養を身につけるには時間の節約が必須だ
075 時間節約には強い決意と潔い諦めを
076 決意のない勉強は時間の無駄だ
077 人生において重要なのは選択することだ
078 自分の限界を明確にする
079 勉強の範囲を絞れ
080 学ぶ対象を選択し、徹底的に学べ
081 古人の学び方に学ぶ
082 相互補完的な勉強は効率がいい
083 際限なく生まれる勉強欲を取捨選択する
084 人生の大きな過ちの一つは必要な時間を見通せないこと
085 物事を完成させるには必要な時間を正確に見積もらなければならない
086 一日にできる仕事はごくわずかだ

087 時間の見通しを誤る単純な理由
088 時間の伸縮性には限界がある
089 時間をどう使うかをよく考えよ
090 何をやるかより何をやらないかを決める
091 不測の事態に備える
092 あわてて行動してはいけない
093 無策な行動は時間を無駄にするだけだ
094 よい仕事をするためには一定の時間が必要だ
095 知性のある人は物事にかかる時間がわかっている
096 じっくり考えることは時間の節約につながる
097 どれだけの時間とエネルギーを注ぐかを考えて仕事に取り組む
098 実行に移した仕事は迅速に仕上げる
099 一番快適な時間帯に一番大切な仕事をする
100 知的仕事には邪魔が入らないようにする
101 知的仕事にはまとまった時間が必要だ
102 こまぎれ時間にはこまぎれの仕事をする
103 物事が順調に進むことなどない
104 知的な作業に追い込みは通用しない

105 一瞬のひらめきも多くの時間の積み重ねがあってこそ生まれる
106 天才とは、規則的に勉強を続けられる人だ
107 わずかな時間も充実させる
108 時計に支配されるのではなく、時計を支配せよ
109 知的生活には時間の浪費もときには必要だ
110 「何もしない」ことも重要だ
111 無駄な時間を大切にする

7 外国語の勉強は本当に必要か

112 原書で読むのを諦めることも必要だ
113 身につかない語学教育は時間の無駄
114 外国語は話さなければ身につかない
115 外国語は簡単には身につかない
116 まねることが外国語習得の鍵
117 外国語を完全にマスターすることなど不可能だ
118 むやみに外国語を学ぼうとするな

8 計画的に読書する

119 読書は計画性がなければできない
120 自分の読書力に幻想を抱いてはいけない
121 外国語の本は自国語の本よりはるかに時間がかかることを忘れない
122 外国語の読書で本質を理解するのは非常に難しい
123 規則正しい生活と2時間の読書を確保する
124 没頭できる読書環境を持つ
125 読書を中断すると損失が大きい
126 読書には選択が最も重要だ
127 新刊の波にのまれてはいけない
128 古典にこだわり過ぎるのもいけない
129 人生という書物を味わい尽くせ

9 お金とうまく付き合う

130 名誉と権力が知的生活を妨げる
131 お金がある人には時間がない

132 知的生活にも最低限のお金は必要だ
133 貧しさは知的生活を妨げる
134 お金が目当てになると知的仕事の質は落ちる
135 経済的基盤が知的な業績を生み出す
136 経済的不安は精神的苦痛を招く
137 有名な文学者たちの経済力
138 お金は敵にも味方にもなる
139 お金に対する反感は何の役にも立たない
140 思考の豊かさは自由に使えるお金の量に比例する
141 貧しさは選択と集中につながる
142 時間と健康さえあれば実力を発揮できる
143 良質な読書体験はお金には替えられない

10 習慣を疑え

144 習慣の力は計り知れない
145 習慣は知的生活を妨げることがある
146 習慣への異議申し立ては文明を前進させる

147 自らの考えについては断固として主張せよ
148 反抗するに値することとそうでないことの見極めをつける
149 習慣という定めがあるからこそうまくいく部分がある
150 悪い習慣には反対する勇気を持つ
151 習慣を変えるには、小さな変化を積み重ねるのがよい
152 先人の努力に感謝を忘れない
153 伝統に敬意を払う
154 当たり前に信じていたものにも批判的になるべきだ
155 知的に正直に生きる
156 真実は潔く受け入れる
157 権威ではなく真実に敬意を払う
158 宗教の教義を盲信してはいけない
159 知性とは合理的な思考法によって頭を使うことだ
160 知性は頭の中だけではなく行動にも表れる
161 教養は思いやりの心を生み出す
162 健康で道徳的な生活こそが高級だ
163 喜んで人に教える
164 知的生活者の精神は自由に飛翔できる

165　知的生活者は疑い続ける

11　知的生活を維持できる関係を築く

166　知的な友人と孤独な時間を確保する
167　結婚とはお互いが寄り添って成長することだ
168　他人の結婚の正しさを知る者はいない
169　結婚で知的生活者の世界は大きく変わる
170　夫婦の幸せは知的な会話が交わせることだ
171　知的な夫婦の会話にはいつも発見がある
172　結婚と知的生活の両立は難しい

1

「知的」とはどういうことか

001

知的生活は誰にでも開かれている

水鳥たちが水の上の生活を求めるのと同じように、一定の知的能力が備わった人なら必ず知的生活を求めるものだ。

しかし、かりに知的能力にそれほど恵まれていなくても、心からそれを求める気持ちさえあれば、誰でも知的生活をすることができる。

002

何の苦労もない生活は知性の発達を妨げる

生活のあらゆる面で恵まれ、楽な生活ができるとしたら、きっと人はそれを羨むことだろう。しかし、知性の発達にとっては、そうした何の苦労もない生活こそが最大の妨げになるのだ。

003

知的な人はどこにいても何かを学べる

知的な人にとっては、どこにいてもそこが最高の学校である。
自分のまわりに存在する人間、書物、動物、石、大地、すべてが教師になり得るのだ。

004

気高い思考を求めよ

知的生活が求めるものは、頭がよくなるとか、表現がうまくなるとかといった現世的なことではない。低俗な思考に陥らず、常に気高い思考ができるようになることである。そうした思考態度、心的態度を知的生活と呼ぶのだ。

005

人を知的にするのは知識ではなく「徳」だ

人を知的にするのは知識や学問ではない。それは、物事を常に生き生きと、美しく考えることができるようになる人間としての徳なのである。

006

知的に生きるとは、真理を求めてやまないこと

知的に生きるというのは、頭を使って何かを成し遂げることではない。それは、常に真理を求めてやまない精神の姿勢のことである。より大きな真理とより小さな真理との間で常に毅然とした高貴な選択をすることなのだ。

007

知的生活に年齢は関係ない

知的生活とは、自己教育に捧げられた生活だ。そうした知的生活を志す人間は40歳になっていようが、14歳のイートン校の生徒と同じように一生懸命勉強しようとする。

008

知的な生き方そのものが高貴だ

教養ある知的人間になることほど高貴なことはない。一般的には、知的努力の証として目に見える形での業績を残すべきだと考えられているが、そのような考えは知に対する偏狭な考え方だ。何も具体的な形で生み出さなくても、そうした知的人間の生き方そのものが高貴で美しいのである。

2

健康こそが知的生活の基盤

009

知的活動には肉体的な基礎が不可欠だ

あらゆる知的活動は、十分な肉体的基礎があってこそはじめて可能になることを忘れてはならない。知的創造活動と心身の状態との間には密接な関係があるのだ。

010

健康は蓄えておくことができない

秋に二週間ほど旅行して英気を養い、それで一年分の健康を蓄えようとする人がいるが、それは愚かなことだ。一週間の健康はその週のうちに補っておかなければならないものである。

011

どんな薬も運動に勝るものはない

体を動かすことは、これまでに発明されたどんな薬よりもはるかに効果がある。傑出した知性の持ち主が十二分に能力を発揮できたのも、彼らが机に向かい続ける生活から来る心身への悪影響をうまく防いできたからだ。

012

体が求める休息を受け入れよ

傑作は短期間に集中して創作したときに生まれることが多い。しかし、それはときに死をもたらす危険な習慣でもある。

自然の本能が休息と気晴らしを求めているときにはそれを静かに受け入れ、しばしのあいだ幸福な安らぎに身をゆだねたほうがいい。

知的活動にとって、休息することは非常に大切なことである。それは人生が素晴らしいものであるためには愛が必要であるのと同じことだ。

013

完全な休息が必要だ

知的生活に無理は禁物であり、その生活は夏のそよ風のようであってほしい。夏のそよ風は人に完全な安らぎをもたらす。

生きている間に夏のそよ風のような完全な休息をとることができれば、何もあわてて墓場での休息を求める必要はないだろう。

014

知的生活は良質な睡眠から生まれる

カントは満足な知的生活をするためには、肉体的な健康が何よりも大切であることを人一倍理解していた。そして、一日の知的生活の質を左右する最も重要な要因が前夜の睡眠であるということもよく分かっていた人であった。

015

知的生活は健康な肉体から生まれる

短期的に見た場合、肉体的生活と知的生活は両立しないことが多い。しかし、長期的に見れば、両者は完全に調和している。憂鬱で体調がよくないときよりも、生き生きと健康なときのほうが頭脳ははるかに明晰に働くからだ。

016

健康に最高の投資をせよ

重要な知的労働を成し遂げるためには、長年にわたって健康を維持しなければならない。だからこそ、知的生活者にとっては、健康を維持するために払う犠牲は最高の投資なのである。

017

運動が知的生活を支える

肉体的生活と知的生活は両立する。すぐれた文学者が体を動かして運動したことは、彼らが書く素材を豊かにし文体に力強さを与えた。また、科学者が体を動かしたことは、彼らに数多くの発見をもたらし、画家が体を動かして各地の美しい自然を見たことは、彼らの芸術の完成度をより高めることになった。

3

仕事に打ち込むことが人生を豊かにする

018

仕事に打ち込めば、退屈など感じない

もし今の仕事に退屈しているとしたら、それはその仕事に徹底して打ち込んでいない証拠である。徹底して仕事に打ち込んでいるとき、君の世界から「退屈」という言葉は消え去っているはずだ。

019

労を惜しんでは成果があがらない

何らかの成果を生むような仕事というのは、十のうち九まで、必ず骨の折れるつらい仕事である。複雑で高級な仕事であれ、単純作業であれ、およそ仕事というものは労を惜しむような人には決して満足な結果をもたらさないようにできているのだ。

020

地道な努力を続けよ

文学でも芸術でも作者には最高の勤勉さが要求される。音楽や絵画などの分野で素晴らしい仕事をした人たちを見ても、地味で退屈な修行にじっと耐えてこなかった者はいない。今も昔も、偉大な芸術家たちが世に出てきたのは、彼らが固い信念をもって、コツコツと地道に不断の努力を続けてきたからだ。

021

人一倍の努力が業績につながる

真に研究するに値する学問で立派な業績をあげるためには、人一倍の努力が必要である。学問に限らずどんな仕事でも、毎日地道に努力することなしに成功という名の栄光に浴することはできないのだ。

022

芸術は苦しみとの戦いの成果だ

芸術家は作品の準備段階だけでなく、制作中も大きな苦しみを味わっている。芸術家の仕事というのは、何にもまして、喜びと幸福を前面に出す一方、できるだけ苦労や苦しみのあとを隠すことにある。

しかし、その仕事の内実を知る者は、彼らが絶えず芸術上の困難と格闘していることをよく知っている。われわれが目にしている彼らの素晴らしい作品は、彼らの格闘の代償なのである。

023

知的な仕事は過程を楽しむものだ

知的生活において重要なことは、知的な仕事を行っているときは、その過程を心から楽しむということである。その仕事を終えることばかり気にしていると、仕事そのものが苦痛になり、結局は挫折してしまうことが多くなる。

知的生活を志す者は、知性の旅程は無限に長いということをまず認識しなければならない。一歩一歩前進することが知的生活における最大の秘訣である。

024

焦って仕事をしてもうまくいかない

知的生活に焦りは禁物だ。もちろん、興奮してはやる気持ちになることも時には必要である。しかし、今やろうとしている仕事を一刻も早く終わらせたいと焦っても、それで仕事がうまくいくことはほとんどない。そうした焦りは綿密な知的活動に必要な知的冷静さを失わせてしまうだけだ。

経験によって自分の限界を把握する

経験が貴重であるのは、それによって自分の力の限界を知ることができるからだ。

自分の限界を知っている者は、仕事を完成させるためにはどれだけの時間がかかるのか、あるいは、それがどのようなものになるのかということをほぼ正確に見通すことができる。そうした人は仕事を一瞬でも早く終わらせたいという焦燥にかられることはない。

026

知性とともに精神的な強さを持て

すぐれた知性の持ち主は精神的な強さを持っている。彼らの直感がひらめいたときには、一瞬霧が晴れたように天上にある、自らが求める目的地を仰ぎ見ることができる。

もちろん、ときには目的地を雲が再び覆い、見えなくなってしまうこともある。しかし、そんなときにも彼らは暗闇の中を何度もつまずきながら、不屈の精神で一歩一歩着実に歩を進める。そんな崇高なる忍耐力があるからこそ、彼らは私たちに貴重な知的財産を残すことができるのだ。

027

自ら修練しなければ知性は磨けない

卓越した人物というのは、仕事に関する訓練を十分積み、自己修練を重ねてきた人物のことである。自ら進んで知的訓練を受けたことがない人で、ひとかどの知識人になった人などこれまで聞いたことがない。

028

意志の力で才能は伸ばせる

意志の力だけで天才と肩を並べることはできない。しかし、意志の力によって自分の持っている才能を伸ばして一生懸命に仕事に励み、素晴らしい教養を身につけた人たちに少しでも追いつこうと努力することは本当に素晴らしいことである。

029

厳しい訓練を積んでこそ、望みはかなう

われわれが生まれながらにして授かった能力というのは、単に何かになろうとする力に過ぎないのであり、それだけでは不十分だ。実際に何かになれるかどうかは、われわれが自分に対してどれだけ厳しい訓練を課すかどうかにかかっているのである。

030

文章がその人の精神的な力を表す

知的訓練が目指すのは、一国の軍隊が一人の戦略家によって指揮されるのと同じように、われわれの能力をコントロールする術を精神のうちに確立することにある。この力があるかどうかは、その人が書いたものに統一があり、均衡がとれているかどうかを見ればすぐわかる。

031

誰でも文学が書けるわけではない

誰でも本を書こうとすれば書くことはできる。しかし、誰でもが文学の名に値するものを書けるわけではない。文学と単なる本の間には途方もなく大きい知的訓練の差があるのだ。

032

教養なき者に魂は宿らない

詩は知的な魂の働きによるものであるが、いかに素晴らしい才能に恵まれたとしても、まったく教養のない人間に知的なインスピレーションは訪れない。詩人キーツが天才的な能力を発揮することができたのは、彼が身につけた教養のおかげだった。

考える努力を続けてこそインスピレーションが湧く

インスピレーションと日々の努力は大いに関係している。仕事のことを常に考え一途に思い続ければ、そうした日々の努力は必ずやインスピレーションの源になるだろう。

034

好き嫌いを軽視してはいけない

われわれには好んで求めるものとそうでないものがあるが、そうした個人の好き嫌いを軽視してはいけない。というのも、そうした好き嫌いの気持ちがわれわれのもって生まれた能力を最もよく示しているからだ。

035

自分の好き嫌いが他人と違うことを気にするな

自分の好き嫌いの感情というのは信頼できるものだ。特に知的訓練においては、そうした心の内なる法則に従って行うことが大切である。心の内なる法則に従った結果、自分の考えや行動が他人の一般的な意見と違ったとしても、それを気にする必要などまったくない。

036

公平無私な心が知的生活の支えとなる

知的生活を志す者にとって、勤勉、忍耐心、勇気、謙虚さなどは、なくてはならない重要な資質だ。しかし、その中でも、知的生活者に必要な最も重要な資質は公平無私の心である。

知的に公平無私であるというのは生まれながらに個人が持っている資質ではない。それは自らが積極的に求めなければ得られないものである。公平無私とは、自分にとってどれだけ不都合なことであろうとも、潔く真理を受け入れる覚悟のことをいうのだ。

037

自制心が大望をかなえる

成し遂げたいと思う大望があるとき、人はその大望を実現するために自制心を働かせるものだ。そうした大望を成就するためには、その仕事の巨大な重みに耐えうるだけの強い肉体と、知的な頭脳をいつも維持しておかなければならない。

038

知的冷静さを持つ

綿密な仕事をするためには知的冷静さが必要である。画家の一筆一筆というのは、次の一筆をどのように描くかということを常に冷静に考えた上でのものなのだ。

039

能力を浪費するな

自分の持てる力を浪費するのは愚かなことだ。そうした力の浪費は自分の情熱に水をさすことになる。十年もそんな生活をしていれば、意志の力はほとんどなくなり、心に秘めていた情熱もなくなってしまうものだ。

040

名声に囚われると知的な仕事が妨げられる

才能ある知的人間が世の中に認められないままでいるとしよう。もしその人が野心家であるなら、それは精神的に大変つらいことだろう。しかし、多少見方を変えれば、そのほうが誰に気兼ねすることもなく、思う存分自分の実力を発揮することができるようになり、かえって安らかな気持ちで知的活動に打ち込めるようになる。誰もが名声を望むが、そうした名声はしばしば知的活動の妨げになるものだ。

041

他人の評価を求めない

知的な人間の努力が世間から正当に評価されることは少ない。知的な人間は、たとえ自分のやっていることが世間から正当に評価されなくても気落ちせず、自分のやっていることには無限の価値があるという強い信念を保持していなければならない。

042

文筆という活動は薬にも毒にもなる

文筆の仕事というのは強力な刺激物に似ている。それは適量であれば無害であるばかりか、これほど有益なものもない。しかし、ひとたび度を越してしまうと、それは人の精神に対する猛毒になってしまう。

043

大衆への迎合に腐心してはいけない

より完璧な知的生活というのは、寡黙な研究者によって実践されるものである。大衆のためにものを書く人間は大衆の奴隷になってしまう。その結果、自分が真に知的関心を持つテーマはそっちのけとなり、大して興味もないテーマについて書くことになるのだ。

044

名を知られることを求めてはいけない

名も知られず、地方でひっそりとつつましく生きている人間のほうが、大衆に迎合するようなものを多く書いている有名人よりも、よほど教養ある知的人間と呼ぶにふさわしい。

045

習慣が人の幸福を左右する

幸福とは何よりも習慣の中に見出されるものである。習慣とはそれほどまでに深く人間性に根ざしたものであり、人間の本能を満足させてくれるものなのだ。

046

苦しみを知ることは人生を豊かにする

病人は病気のことをよく知っているが、それ以上に健康の喜びのことをよく知っている。だからこそ、健康な人よりも健康について深く正確に考えることができるのだ。人生もそれと同じで、苦痛のない人生ほどつまらないものはない。病気の苦しみを知らず、それを理解することもできないような人は、決まってどこか物足りないところがあるものだ。

047

知的な活動は精神を満足させる

身体が衰弱しているときであってさえも、知識という世界にいくぶんかでも付け加えて貢献することができ、何か新しい思想を表現して後世に残すことができると考えることは、朽ちつつある身体に宿る精神に深い満足感を与えてくれるものだ。

048

身体が衰えたときにこそ、知的な仕事の価値は高まる

知的労働に関しては、身体が衰弱したときの仕事が最も完成度が高く、最も価値が高いということが往々にしてあるものだ。精神と身体は共に衰えていくと考える人が多いが、知的労働に関して言えば、そうした考えは必ずしも正しくない。

4

知識があるだけでは知的とはいえない

049

知識は精神的な向上に結びつかなければ意味がない

知性にとって重要なことは、知識の量ではない。それよりももっと重要なことがある。それは、勉強して獲得した知識が精神的な向上につながり、全体としての知識に釣合いがとれているかどうかということである。

知識は増やせばよいというものではない

新しいことを学べば、知性全体の構造に必ず変化が生じる。それは化合物が他の成分によって変化を受けるのと同じことだ。それと同じように、知識についてもそれを広げることはよいときもあるが、悪いときもある。知識があるからこそできることもあるが、知識がないからこそできるということもあるからだ。

051

無駄な知識を増やすな

能率的に学習ができるのは、その対象を絞り込むからである。そのことを知的生活者は知っておく必要がある。自分に生まれつき適性のない勉強をしても、それは時間の無駄にすぎない。自分に適性のない知識の探求は知的生活にとって有害である。

052

一つのことを究めれば、その対象へ深く入り込むことができる

現代に生きていても、ラテン語ができれば、古代ローマ時代の著述家たちと自分の書斎で心おきなく語り合うことができる。ラテン語ができる人はすぐに古代ローマ時代の思想の中に溶け込んでいくことができ、珠玉の時間を過ごすことができるのだ。ラテン語の勉強のように、一つのことをずっと学んできた人間には、すぐに対象に没入していけるという特権がある。

053

一つのことを究めないと知的な喜びを得られない

一つのことに集中せずさまざまなことを学んできた人間は、絶えず控えの間で待たされるという不幸に見舞われる。たとえばラテン語が十分できないと、古代ローマ時代の著述家と書斎で二人っきりになってゆっくり語り合うことができない。その前に控えの間に通されて、そこで文法書や辞書を見ながら時間を過ごさなければならないはめになるのだ。

054

あまりに多くのことを同時に勉強してはいけない

いろんなことを勉強するのはいいが、それらすべてを同時にしてはいけない。15もの違ったことを勉強しているとすれば、そのうちの10はなおざりにされて使いものにはならないからだ。古来、知的生活で多くのことに手を出して、大成した人はいない。

055

知識は常に使わなければ意味がない

知識というのは日ごろから使っているものだけが必要なときに役立つ。普段使わない知識というのはそれを維持するだけでも大きな困難がともなうものだ。

5

学びの目的を定める

056

研究対象を掘り下げることが知的な喜びだ

小さな土地を持った農夫が自分の土地をいつくしんで耕すのと同じように、一つだけ自分の大好きな研究対象があり、それを毎日楽しく、愛情を注ぎながら丹念に研究する。それこそが最高の知的生活者の姿である。

057

一つのことを学び続けよ

われわれの頭脳は、昔の人たちの頭脳よりも決してできがいいわけではない。それにもかかわらず、昔の人たちが一つしか学ばなかったところを、われわれは六つ学ぼうとしている。昔の人は一つのことをしっかり学んだが、われわれは多くのことを単に学ぼうとしているに過ぎないのだ。

われわれがやらなければならないのは、あれもこれもと手を出すことではなく、昔の人と同じように、その中から一つだけ厳選して、昔の人と肩を並べられるぐらいにしっかりと勉強することだ。

058

学ぶ対象を絞ることで知的生活は充実する

昔の人は生活するためにあくせく働く必要がなく、また今のわれわれのように多くの科目の勉強に力を分散させることなく、ひたすらラテン語を身につけることを唯一の知的目標にすることができた。そうした昔の人のほうが、つまらないことに時間と精力を浪費しているわれわれよりも、はるかに満足のいく知的生活をすることができたのだ。

059

知識の幅を広げることがよいとは限らない

われわれはこれまで、とにかくできるだけ多くのことを学び、幅広い知識を持つことが重要だと教えられてきた。しかし、新しく学んだものはそれまでに学んだことに必ず影響を与えることになる。それは知性の化学反応とでも呼ぶべきものであるが、その結果は必ずしもよいとは限らないのだ。

060

一見非実用的な研究も、大いに役に立つことがある

少し変わった研究をしていると、それは時間の無駄だと非難する人が世間には必ずいる。しかし、それで研究を投げ出してしまえば、人はいつまでも愚かなままである。

古典語や高等数学のような研究がどんなことに役に立つのかと問われると、たしかに分からないところがある。それは教養のためであり、知識を探求するための優れた道具であるというぐらいしか答えられないだろう。しかし、研究というのは一見まったく無関係なことであっても、それがあとになって思わぬところで大いに役に立つということがしばしばあるのだ。

061

勉強の成果はやがて影響しあう

たとえば、古代史の研究と風景画は一見無関係に思えるかもしれない。しかし、古代史を研究していれば、一般人が何の興味も抱かないような土地に対しても、その土地に関連する人間の歴史に思いをはせるようになる。そして、土地に対するそうした人間的関心が画家に絵を描かせるきっかけになることは非常によくあることなのだ。

062

幅広い読書からアイディアが得られる

一見何の役にも立たないように見える知識にも間接的な効用があることを最もよく知っているのが作家である。偉大な作家というのはすべて幅広い読書をしているものだ。彼らはそんな幅広い読書の中から作品の暗示を得たり、アイディアをつかんだりしているのである。作家の仕事というのは、それまで数ヶ国語で読み漁ってきた乱読に負っていることが往々にしてあるのだ。

063

多く学ぶより深く学べ

今日の学校で教える内容はあまりにも種類が多いため、学生たちはすべて中途半端な知識しか身につけることができない。学校では不完全であっても多くのことを学べば褒められる。しかし、それは物事を完璧に学ぶということとは雲泥の差がある。物事を完璧に学ぶということには、とてつもない努力と忍耐が要求されるのだ。

忘れることも大切だ

記憶すべきものは記憶し、忘れるべきものは忘れるという選択記憶に人間が恵まれているのは大変ありがたいことだ。書物を読んでも、日々の暮らしの中でも、われわれは毎日厖大な量の情報を受け取っている。しかし、そうした選択記憶に恵まれている人は、興味のあることとないことを無意識に選択しているので混乱することがない。

自分が興味のあることしか覚えないという選択記憶が、学校の試験で役立つことは少ない。しかし、それは文学や美術などでは大変大きな力を発揮する。文学や美術などに役立つ記憶というのは、何でも引き受ける郵便局のようなものではない。それは自分の知的な好みに合わないものは一切掲載しない雑誌のようなものなのだ。

065

興味のないことを無理に学ぼうとしてはいけない

自分の興味と関心にすなおに従い、自らの知性をそのおもむくところに向かわせよう。自分の興味がないことを無理やり人から頭に詰め込まれても、それが自分の精神の糧になることはない。

066

興味が湧くものはあなたにとって大切なものだ

あなたに興味をおこさせるものだけを追いかけていけばいい。なぜなら、それがあなたにとって大切なものだからだ。

067

あなたの興味があなたの個性となる

絵画をアトリエで制作する場合、ときには記憶しているものを描くことがある。そのとき最も美しい絵画の構図は画家が選択した記憶の中から生まれてくる。こうした記憶の選択機能のおかげで、記憶の中のある部分は誇張され、またある部分は縮小され、あるものは完全に省略されてしまう。画家が傑作を生むことができるのも、まさにこのような選択記憶があるからだ。

068

物事の本質を結びつけることが知性の訓練となる

知性の真の訓練は、実際に関係のあるものを結びつけることによってのみ達成される。物事の間の関係が深ければ深いほど、さらには、その関係がそれらの本質に根ざしているものであればあるほど、知性はよく磨かれるのである。

069

覚えるためには構造を理解しなければならない

解剖学や植物学などには覚えることが無数にあるが、それを覚えることができるのは、その内容が自然の構成秩序に基づいて配列されているからである。それは言語の勉強においても同じであり、それぞれの言語間の構造上の関係がどうなっているかをまず理解することが何よりも大切だ。

070

関連と構造がなければ雑学にすぎない

知性の正しい働きというのは、本質的に関連があるものを頭の中で整然と秩序立てて整理することによって初めて可能になる。首尾一貫性のない無秩序な知識をいくら集めたところで、それは雑学以上の何ものでもない。

071

自分にとって大切でないものは覚えなくてよい

人にはよく記憶できるものと、できないものがある。それは生まれついてのものであり、覚えられないものを無理やり覚える必要はない。もし自分にはどうしても覚えられないものがあったとしても、そうした自分の記憶がもつ拒否力は大切にしなければならない。

すぐれた知性の持ち主というのは、自分にとって大切なものを脳裏に深く刻むことができる。その一方、自分にとって大切ではないものは覚えず、簡単に忘れてしまうという点で際立っているのである。

072

勉強の軸を決める

知的生活において重要なことは、中心的に勉強することを一つだけに決め、あとはそれにプラスになることを補助的にいくつか勉強するということである。その場合でも、自分の中心的な勉強の役に立たないことには一切手を出さないようにすることが大切だ。

073

原書を読むことにこだわらない

ラテン語やギリシャ語で真の学識に達するためには一生を費やす覚悟が必要だ。もしそんな時間も覚悟もないのであれば、翻訳で原書を読むことを目標にするほうが賢い。もちろん、翻訳なしに読めることが一番望ましい。しかし一般人にとってはそれは夢物語であり、時間の無駄でしかない。

6

時間を効率的に使う

074

教養を身につけるには時間の節約が必須だ

社会人になれば、仕事上や生活上のことでやらなければならないことがあまりにも多く、教養のための勉強に割ける時間はわずかしかない。ということは、社会人でなおかつ教養を身につけたいと願う人は、最大限に時間を節約する人でなければならないということだ。

知的生活を心がけている人というのは、くだらないことに時間を浪費してしまうようなことはない。ところが、そんな知的な人がつい時間を浪費してしまうのが、まさにそうした知的な勉強に従事しているときなのである。

何事につけ物事に精通するためには一生の大半を使わねばならない。しかし、勉強は一生かかってするものだと思うと、かえって毎日の時間を節約することについて無頓着になり、結局時間を浪費してしまうことになる。これは知的生活者にとって、最も心すべきことである。

075

時間節約には強い決意と潔い諦めを

知的生活者が時間節約をする最善の方法は、何かを勉強するときには、それを必ずものにするという強い決意をもって臨むことである。しかし、もしその勉強が自分にはどうにも手に負えないものであると判断したときには、潔く自分の限界を認め諦めることだ。その判断を誤って自分にはできないことを、いつまでも追いかけることは人生最大の時間の無駄である。

076

決意のない勉強は時間の無駄だ

どんな知識や技術でも、それに習熟するためには一定の時間と、それに集中して取り組むだけの決意が必要である。しかし、そこまでする時間も決意もないのであれば、それは最初から時間の無駄である。不完全に習得した知識や技術は実際の役には立たないものだ。

話せも書けもしない外国語、基礎が分かっていない科学、満足に使いこなせない技術などは、不完全に習得した知識や技術の典型である。もちろん、たとえ不完全であろうと、そうした知識や技術を覚えようと努力することは多少の精神的訓練にはなるだろう。しかし、知識や技術の習得という観点から言えば、それはやはり時間の無駄であったと言わざるを得ない。

077

人生において重要なのは選択することだ

世の中には「相殺」という素晴らしい原理が働いている。われわれが持っている時間は有限であり、あれもこれもすることはできない。あれかこれかというのが人生の真理である。だからこそ、人生においては選択が重要になってくるのだ。

078

自分の限界を明確にする

自分がものにできそうな勉強以外はすべて断念し、時間と決意の両面で自分がものにできそうだと思う対象に集中して勉強すれば、時間節約もでき大いに効率もあがる。しかし、それ以上に大切なことは、今後集中して勉強していくことについて、今後その勉強をどの程度まで進めていくべきかという明確な限界を設定することである。

079

勉強の範囲を絞れ

たとえば、植物の勉強をするにしても、世界中に無数にある植物の標本を作ろうとするよりも、自分が住んでいる谷の植物標本を作るというように、より狭い範囲の中で明確な限界を設定するほうが、よほど入念かつ神経の行き届いた価値ある仕事ができるだろう。

学ぶ対象を選択し、徹底的に学べ

知的生活においては、取捨選択することと徹底することが非常に大切である。

手に入る書物も限られていたわれわれの祖先の時代の知的生活環境は、現在に比べると非常に不便なものであった。しかし、そんな知的生活環境の中にあっても、彼らは手に入る少数の書物を取捨選択しそれを徹底的に勉強することによって、現在われわれが広大な書物の山から得ている以上のことを学ぶことができたのである。

081

古人の学び方に学ぶ

現代は随筆家が百出している。しかし、最近の随筆家の中で、モンテーニュを上回るような優れた随筆家がいるだろうか。

モンテーニュのあの知恵と機知のすべては彼が所有していた数少ない古典文学と、彼が生きた時代の生活の中から見つけ出してきたものなのだ。

082

相互補完的な勉強は効率がいい

知的生活における時間節約の一つの方法として、互いに補い合うことを勉強するということがある。たとえば、風景画家にとっては、自分が住んでいる地域の植物を知ることは大変有益なことである。というのも植物に関する知識があれば、それらの諸相を克明に覚えることができ、絵を描くときに大変役に立つからだ。

083

際限なく生まれる勉強欲を取捨選択する

あることの勉強に時間を割けば、当然、他のことを勉強する時間は少なくなる。一日の時間は誰にでも平等に24時間しか与えられていない。しかし、知的人間には次から次へと勉強したいことが出てくる。選択が重要になるのは、まさにそんなときだ。

われわれにもし無限の時間が与えられているならば、それはどんなにか素晴らしいだろう。しかし、われわれには有限の時間しか与えられていないことには、それを補ってあまりある大きな恩恵もあるのだ。

たしかに、時間が有限であるため限定された狭い分野の研究しかできないとすれば、それは残念なことかもしれない。しかし、実際にはそのおかげでその分野の研究を徹底することができるという素晴らしい恩恵をもたらしてくれるのである。

084

人生の大きな過ちの一つは必要な時間を見通せないこと

時間と期間というのは人の人生を左右する最も重要なものである。しかし、この二つについて的確な判断を下せる人はあまりいない。

年をとって自分の人生を振りかえってみたとき、多くの人はしみじみと感じる。自分が犯した最大の過ちは、自分がしようと思ったことに一体どれくらいの時間がかかるのかということを正確に見通せなかったことだと。

085

物事を完成させるには必要な時間を正確に見積もらなければならない

物事を完成させたり成就させたりするために最も重要なことは、それに必要な時間を正確に見積もって計算することである。その計算を誤ることほど時間の浪費になることはない。何事も不完全にしか習得できずそれが役に立たないのは、まさにそこに根本原因があるのだ。

086

一日にできる仕事はごくわずかだ

人が一日にできることは何と少ないことか。原稿を書いてもわずか3ページしか書けなかったり、絵を描いても着衣のひだをわずかに描けるぐらいだったりすることがある。また、大理石を彫刻しても、朝から夜まで一日かかってもわずかな量しか彫れない。

何事をするにしても人生において大切なことは、自分の能力でどれだけのことができるかということを正確に判断することである。そして、その範囲内で実行可能な計画を立てることである。

087

時間の見通しを誤る単純な理由

不思議なことだが、10分や10時間でやれるようなことなら非常に正確に時間を計算できる人が、10年がかりでやるべきことについては愚かなほどの計算間違いをしてしまう。

では、なぜそんな計算間違いをしてしまうのだろうか。それは、毎日の食事時間や睡眠時間などを削って頑張れば、今後10年間でこれまでの10年間よりもはるかに多くのことができると考えてしまうためだ。

つまり、食事時間や睡眠時間などには伸縮性があり、自分の心がけ次第でいくらでも縮めることができると安易に考えてしまうのだ。ところが、実際にはこうした時間の伸縮性には限度があり、節約できる時間は思ったほど多くはないのである。

088

時間の伸縮性には限界がある

時間には自分の心がけ次第で、ある程度延ばしたり短縮したりできるという伸縮性がある。しかし、こうした時間の伸縮性というのはゴムのように際限なく伸び縮みできるような伸縮性ではなく、むしろ皮のようなはっきりとした限界がある伸縮性だと思ったほうがいい。

本当にうまく時間節約のできる人とは、時間の伸縮性をよく理解している人のことだ。時間の伸縮性を理解すれば、何時間でどんなことができるかを正しく判断できるだけでなく、何年でどのぐらいのことができるかということについても幻想を抱くようなことはない。

089

時間をどう使うかをよく考えよ

昔から時間の大切さを強調する格言は数え切れないぐらいたくさんある。しかし、そうした格言も時間が大切であることは教えてくれるものの、どうやったら時間を大切にできるかというその具体的方法については教えてくれない。格言そのものの内容よりも、それを実際の生活の中でどう実践するかを考えることのほうがよほど大切である。

090

何をやるかより何をやらないかを決める

人生は短く、時間は矢のように過ぎ去っていくものであることは誰でも知っている。しかし、そうした時間の制約の中で何をやり、何をやらないかを正確に判断することは、豊富な人生経験とすぐれた知恵がないとできない。人生においては、何をやるかということよりも、何をやらないかを決めることのほうがはるかに重要なのである。

091

不測の事態に備える

長い人生のあいだには、思いもよらぬことがたびたび起こるものだ。私の知っている紳士は、そうした人生における思わぬ事態のことを「隠された落とし穴」と呼んだ。

いくら歳をとって人生経験を積んできたといっても、何歳になってもそんな落とし穴に落ち込む可能性があることを考えておかねばならない。

092

あわてて行動してはいけない

物事は迅速に行ったほうがいいように思われている。しかし、人生においては、あわてず、一呼吸おいてから行動に移ったほうがいい場合も多い。果敢な実行力で有名だったナポレオンも言っているように、どうしたらいいかまだはっきり分からないときには何もしないほうが得策だ。

093

無策な行動は時間を無駄にするだけだ

画家にとっては、カンバスのどの位置にどんな色を塗るかさえ決めれば、実際に描くことはほんのわずかな時間でできてしまう。しかし、絵の構想が決まっていない段階で成り行きまかせに描いていくと、それは十中八九、時間の無駄としかいえないような駄作になってしまう。

094

よい仕事をするためには一定の時間が必要だ

どんなことでも、よい仕事をするためには、必ず一定の時間というものが必要である。それを惜しんで事を性急に進めると、うまくいくこともうまくいかなくなる。

095

知性のある人は物事にかかる時間がわかっている

どんな分野であれ、物事を完全に習得する者は、一定の成果をあげるためにはどれくらいの時間がかかるかということをよく知っている。

実際、知性のある人は他の人に対して、あることを成就するためにはどれくらいの時間が必要であるかということを即座に教えてやることができるものだ。

096

じっくり考えることは時間の節約につながる

多忙を極めている人は時間に追われているため、ついつい物事についてよく考えないうちに行動を起こしてしまいがちだ。そのため、結果的には自分の意図とは逆に時間を無駄にしてしまうことが多い。

その一方、じっくり考えてから行動に移す人は、今後進むべき道を見極め、正確に先を見通すことができるので、結果的に時間を節約することができる。

097

どれだけの時間とエネルギーを注ぐかを考えて仕事に取り組む

人が真に偉大な仕事をするためには、自分の一生の間にその仕事にどれだけの時間とエネルギーを注ぎ込むことができるかをよく考える必要がある。

ところが、世の中には自分が熱意を注いでいる仕事が完成するのに、どれだけの時間とエネルギーが必要であるかということが分からず、あたら無駄な努力をしている人があまりにも多い。

098

実行に移した仕事は迅速に仕上げる

人も年々絶えず変化しているのであり、どんな仕事をするにしても、それにあまりにも長期間携わっていると、その仕事にはどうしてもまとまりが失われていく。実行する前にはじっくり考えるべきだが、いったんあることを始めたならば、一定の時間内に迅速に仕上げてしまうほうがよい。

099

一番快適な時間帯に一番大切な仕事をする

時間という問題は知的人間にとって最も大きな関心事の一つだ。なかでも一番重要なのは、一日のうちどの時間に一番注力する仕事をやるかということである。

それは昼であっても夜であってもかまわない。重要なことは、自分にとって一番快適だと感じる時間にその仕事をすることだ。

100

知的仕事には邪魔が入らないようにする

知的仕事をするための時間に関して最も重要なことは、その時間帯に邪魔が入らないようにするということである。途中で中断されることは、仕事の質を落とすだけでなく、こなせる量も大きく落とすことになる。

101

知的仕事にはまとまった時間が必要だ

知的仕事をする際には、時間はできるだけ大まかに区切ったほうがよい。15分ごとに次々と仕事を変えていくのではなく、一つの仕事に2時間とか4時間とかといったまとまった時間をかけるのが賢明なやり方だ。

15分ごとに次から次へとやることを変えると、思考が中断されて能率が上がらなくなってしまう。知的仕事をうまくやるためには、自分の能力を十分に発揮できるだけの時間、その仕事にかかりっきりになる必要があるのだ。

102

こまぎれ時間にはこまぎれの仕事をする

知的活動には絶対にまとまった時間が必要であるが、こまぎれの時間もまったく不必要というわけではない。こうしたこまぎれの時間には外国語の単語を覚えるといった作業が適している。というのも、そうした知的作業は時間のかからない短いものであり、かつ断片的なものだからだ。

すぐに中断してしまうようなこまぎれ時間に、知的能力をフル回転させるようなことをしても無駄だ。時間にはその長さに応じて、それにふさわしい知的活動というものがあるのである。

103

物事が順調に進むことなどない

人は往々にして、仕事が完成するまでに要する時間について見通しを誤るものだ。自分でやったこともないのに、自分勝手に想像し、何事も簡単にできると考えてしまうところがある。

しかし、自分の考えたように物事が順調に進むことなど、この世にはほとんどない。自分が一日にできるのはほんのわずかでしかないのに、われわれは身のほど知らずにも、物事を安易に考えてしまうところがある。

大切なことは、自分の能力でどれだけのことができるかということを正しく判断し、その範囲内で実行可能な計画を立てることである。

知的な作業に追い込みは通用しない

世の中には、切羽詰った状況になるとエンジンがかかり、仕事がはかどるという人がいる。

たしかに、日ごろからやり慣れているような一定の型にはまった単純な仕事であれば、切羽詰った状況になったほうが仕事ははかどるかもしれない。

しかし、学問のように高度な知的作業が要求されるような仕事の場合は、逆に切羽詰ったような状況になると絶対にうまくいかないものだ。

兵士や商人であれば切羽詰った緊急事態になれば奮い立つかもしれないが、知的作業を行う者にとっては、そうした切羽詰った状況は百害あって一利なしである。

実際、外からの圧力で刺激を受けたとき、実務的な仕事の場合は頭がより活発に動くようになるが、知的活動の場合は逆に頭の働きは鈍くなってしまうのだ。

105

一瞬のひらめきも多くの時間の積み重ねがあってこそ生まれる

科学における発見を考えてみればよく分かるが、そうした学問的発見は発見者の頭に突如としてひらめくことが多い。しかし、そうしたひらめきが起こるのは、長い間にわたって忍耐強く数多くの実験を重ね、さまざまなことを熟考してきた結果である。物事というのはまさに十分な時を経て初めて成就するものなのだ。

天才とは、規則的に勉強を続けられる人だ

いかなる天才であっても長期にわたって規則的に素晴らしい作品を生み続けていくことはできない。しかし、そうした天才も規則的に勉強していくことはできる。実際、過去の天才の中でも最も優れた者は、毎日、規則的に着実に勉強を行っているという点で際立っているのである。

107

わずかな時間も充実させる

自分が自由にできる時間というのはわずかなものだ。しかも、そうした時間はあっという間に過ぎ去ってしまう。しかし、知的生活者は、たとえわずかな時間であっても、自分が心から満足できる知的な時間を過ごすことができるなら、それで十分なのだ。

108

時計に支配されるのではなく、時計を支配せよ

真に知的な人間というのは、時計にあわせるような愚かな行動はしない。生真面目な人は時計にあわせた生活をしようとするが、それでは時計の奴隷になったのも同然だ。

そもそも、人間の知性というのは時計のような仕組みにはなっていない。時計にあわせるということ自体、非知性的なことなのだ。知性には、ある程度のゆとりと自由が必要だ。

109

知的生活には時間の浪費もときには必要だ

時間を節約して使えるようになることは、成功をもたらす最大の要因である。しかし、だからといって、一分たりとも時間をおろそかにしないようにとあくせく仕事をするのはよくない。

特に知的活動に従事する者にとっては、時間を浪費することが知的経験を豊かにしてくれることがよくあるものだ。偉大な作家というのはぶらぶらして時間を浪費しているときにこそ、人間性についてのさまざまな思いを巡らせているのだから。

110

「何もしない」ことも重要だ

何もしないということは知的生活にとって大変重要なことだ。明晰で正確な知的仕事をするためには、常に精神を伸びやかに保ち、自由に飛翔させてやることが必要である。すぐれた知性やひらめきというのは、勉強に懸命に励んでいるときではなく、ゆったりと過ごしているときにこそ起こるものなのだ。

111

無駄な時間を大切にする

「一番有効に使っている時間が一番無駄にしている時間だ」と言った人がいる。実際、これはまぎれもない人生の真実だ。われわれが時間の無駄だと思っていることをすべてやめてしまえば、われわれの知的生活は非常に貧しいものになってしまうだろう。人間の最高の知恵とは、一見無駄に過ごしているように見える時間にこそ得られるものなのだ。

まじめな研究者は毎日時間を無駄にせず自分の限界まで仕事をすることを誇りに思っているが、実際には、そうした習慣自体が研究の妨げになっていることが多い。

7

外国語の勉強は本当に必要か

112

原書で読むのを諦めることも必要だ

ラテン語やギリシャ語のような古典語について、われわれが決断しなければならないのは、それらを原書で読むことを諦めることである。時間の節約を考えたとき、一般人にとってはそれが最も賢いやり方である。

実際、仕事を持っている人間がラテン語やギリシャ語のような古典語をマスターすることは時間的にも不可能であり、かりにできたとしてもその力を維持するのは並大抵のことではない。

113

身につかない語学教育は時間の無駄

ギリシャ語の細かな文法を理解するために多くの時間を費やしながら、結局ギリシャの文学も満足に読めないような不完全な外国語教育は時間の無駄である。

もちろん、歳をとれば学生たちも今よりもっと勉強するようになるだろうという前提のもとに、ギリシャ語の初歩を学校で教えておくという考えは正論である。しかし、大多数の学生はひとたび卒業してしまえば、それ以上学校の勉強を続けていこうなどとは思わないし、かりにそうした気持ちになったとしても、そのための時間がないのが普通だ。

114

外国語は話さなければ身につかない

ラテン語を学ぶ最大の問題は、今日ラテン語が実際には話されていないことだ。言語を学ぶための最も迅速かつ確実な方法は、まず自分が欲しいものを要求するのに使う言葉を覚えることである。読めるようになる最も早い方法は話すことである。現在話されていないラテン語の勉強をいくら頑張っても、10年たとうが満足に読むことさえできないのはまさにそのためである。

115

外国語は簡単には身につかない

フランス語、イタリア語、ドイツ語などの現代外国語については、ラテン語やギリシャ語などの古典語に比べると簡単にマスターできると思われている。しかし、それはとんでもない誤解だ。たしかに、下手に話すぐらいならそれほど難しいことではないかもしれない。しかし、うまく話せるようになるのは至難の業だ。実際、それは外国語をきちんと身につけた人がほとんどいないことからも分かる。

子供は本国人と同じように数ヶ国語を話せるようになるが、しかし、それは同時にではなく順番にである。また、二つ目の外国語を覚えているうちに、最初の外国語を忘れてしまうこともある。

一方、大人については、その外国語が話されているところに5年間住まなければ、その言語をうまく使えるようにはならない。しかし単に漫然とその国に住んでいるだけなら、20年たってもその外国語は使い物にならないだろう。

116

まねることが外国語習得の鍵

外国語を拒絶する大人の頭の力には、子供の頭の同化力と同じように、非常に顕著なものがある。子供はある発音を聞いてもそれを正確に繰り返すことができるが、大人はとんでもない発音をしてしまう。子供はまねることが大得意だが、大人はまるでダメである。しかし、言語の習得というのは、そういうまねる力にかかっているのである。

117

外国語を完全にマスターすることなど不可能だ

私は外国語の学習は時間の無駄だからやめるべきだと言っているわけではない。外国語を完全にマスターすることなどできないとさえわきまえていれば、たとえ不完全であっても外国語の学習は有意義である。

しかし、完全にマスターできるなどとできもしない期待をいだくことは知的傲慢であり、知的生活にとって有害である。

118

むやみに外国語を学ぼうとするな

仮に外国語を勉強するとしても、せいぜい2、3ヶ国語までにとどめておくべきだ。数ヶ国語できる人は、何ヶ国語できるかによって人の知性を評価するところがあるが、そんな評価は気にする必要はない。ものにできそうもないのに、あるいは、かりにものにできたとしてもその学力を維持するのは並大抵のことではない外国語に何ヶ国語も手をつけるのは、時間の無駄であり、愚かなことだ。

8

計画的に読書する

119

読書は計画性がなければできない

実行の計画を立てることが最も求められるのは読書だ。本を読むというのは一見簡単なことのように見えるので、古今東西のありとあらゆる文学書を読破してやろうなどといった途方もない計画を立ててしまうことがある。しかし、いくら本を集めても、実際に読めるのはそのごく一部だけであり、大部分は読まれずに埃をかぶったままになるというのが普通である。

120

自分の読書力に幻想を抱いてはいけない

私の友人の一人は読書について途方もない幻想を抱き、何千冊もの本を集めて読もうとしたが、結局その一部しか読めないうちに亡くなってしまった。このように、人は読書について大いなる幻想を抱きがちである。

読書については、ほかのことにもまして現実的になる必要がある。本にはページ数が書いてあるのだから、少しばかり計算すれば、自分が一生のあいだにどれだけの本を読めるかその限界が分かるはずだ。

121

外国語の本は自国語の本より
はるかに時間がかかることを忘れない

外国語の本を読む場合には、自国語の本以上に注意しなければならない。特に不完全にしか外国語を習得していない場合は、どうしても辞書の力を借りることになるため、読書は遅々として進まなくなることを忘れてはならない。

122

外国語の読書で本質を理解するのは非常に難しい

中途半端な知識しかない外国語の本を読むことにわたしが反対するのは、読むのに時間がかかるからという理由だけではない。本来は本の中に描かれている登場人物や事件などに心を向けるべきなのに、作者が描いている内容とは無関係な外国語の構文や語形変化のことばかりに頭を悩まさなければならないからだ。

123

規則正しい生活と2時間の読書を確保する

知的生活を志す人がまず最初にやらなければならないことは、規則正しい生活をし、時間を合理的に使う習慣を身につけることだ。そして、そうした毎日の生活の中で、必ず毎日2時間、最良の本を読むようにすることだ。

毎日2時間というのは決して多い時間ではない。しかし、学者でもない一般人に毎日4時間読書せよといっても、それを続けられないことは目に見えている。

毎日規則正しく最低2時間の読書をしてみよう。2時間でも1年間続ければそれは700時間以上になる。これだけの時間、継続して何かに打ち込むことができれば相当なことができるはずだ。

没頭できる読書環境を持つ

知的生活者の読書において最も大切なことは、途中で中断することなく読書に没頭できるようにすることだ。たとえば、プラトンの『ソクラテスの弁明』を静かな環境の中で最後まで邪魔されずに読み終えることができれば、あなたは読書の高貴な喜びを味わうことができるだろう。まさにそれこそが知的努力の報酬なのだ。

125

読書を中断すると損失が大きい

他人に邪魔されるような環境でしか読めないとしたら、あなたが頭に描いているその本の世界は無残にも破壊され、突如日常の世界に連れ戻されることになってしまう。

そのときに感じるあなたの苦痛を味わったことがない人間には、その知的損失の大きさを想像することはできないだろう。

多くの人は物事が中断しても、それは電線が切れたぐらいにしか考えないものだ。たしかに、電線であればそれが切れたとしても、再度つなげば元のように電気は流れる。しかし、読書のような知的活動の場合、いったん思考が中断されてしまうと、電線のようには決して元通りにならないのだ。

126

読書には選択が最も重要だ

読書で大切なことは、要所を押さえつつ、自分にとって不要な箇所を飛ばし読みしていくことである。本の中に書かれたことすべてを読む必要などまったくない。本の中でも重要な箇所、あるいは自分にとって重要だと思われるところだけを選択して読めばいいのだ。

新聞を読むにも選択が必要だ。どんな新聞でも、その中で真に読むべき記事というのは限られている。そうした限られた有益な記事だけを取捨選択し、その他の無益な記事には無駄な時間を使わないことだ。

あなたが買って持っている本の中にも、あなたが貴重な時間を使って読むには値しないような本が必ずあるはずだ。そうした無益な本は決して読まないようにするという選択も読書を有意義なものにする秘訣である。

127

新刊の波にのまれてはいけない

現代は、毎日、新しい本が大量に出版されている。そうした新刊本の奔流から身を守るためには、断固とした決意を持たなければならない。さもないと、この奔流はどんな亀裂からも流れ込んできて、知的生活を破壊してしまうことになるだろう。

古典にこだわり過ぎるのもいけない

新刊本は読まず古典だけしか読まないという態度には大いに問題がある。そのような人はいわば知性の修道院に閉じこもっているようなものだ。自分が理解していると称する古典さえも本当に理解することはできない。われわれの知性は、現在と比較することによってのみ過去を理解することができるのだから。

129

人生という書物を味わい尽くせ

人生という書物を最後まで読み通した人間はいない。最も賢い人間でさえも、その一部を読んだだけに過ぎないのだ。いくら汲んでも尽きることのない英知を与えてくれるこの人生という書物を読み続けることほど、知的興奮を感じさせてくれるものはない。

9

お金とうまく付き合う

名誉と権力が知的生活を妨げる

富がもたらす快楽は知的労働を怠けさせてしまう。しかし、富が知的生活にとってよくないのは、それが快楽をもたらすためだけではない。富は快楽のほかに、名誉と権力も与えてくれるのだ。こうした名誉と権力が手に入ると、人は自分自身で知的労働をするよりも、それを人に指示することにより大きな喜びを感じてしまう。

また、富は人を謙虚にすることがあるが、謙虚であるためにかえって他人に対する依頼心が助長されてしまうことも多い。自分が知的労働をするよりも、その道の専門家にしてもらったほうがはるかにうまくいくだろうと考え、自分が果たす役目は専門家にお金を支払うことだけだと思ってしまうのだ。

131

お金がある人には時間がない

聖書のマタイ伝にもあるように、もし富者が天上の王国に入ることが難しいとすれば、彼らが知性の王国に入ることもまた難しい。知性の王国に入るためには、どんなときにも途中で勉強を邪魔されるようなことがあってはならない。しかし、富者には社交や事業においてなすべきことがあまりに多く、誰にも邪魔されずに勉強に打ち込めるような自由な時間が持てないのだ。

知的生活にも最低限のお金は必要だ

知的生活にお金は必要ないのかというと、もちろんそんなことはない。知的生活をまっとうするためには、一定のお金は絶対に必要だ。

知的生活者も日常の生活必需品を買う必要があり、その資金を捻出するためには自分が勉強する時間を割かなければならない。

独創的な研究や発見をする頭脳があるにもかかわらず、生活のために知識を大衆に切り売りしたり、俗受けするものを書いたりすることは、せっかくの能力を無駄にしているのと同じだ。そうならないためにも、知的生活を志す者はまず自分の経済的基盤を確立しなければならない。

133

貧しさは知的生活を妨げる

経済的基盤が大切だからといって、金儲けに奔走することは知的生活にとって好ましいことではない。しかし、貧乏による不自由さは、金儲け以上に知的生活にとっては好ましくない。

その日の糧を稼ぐために追いまくられるようでは、知的生活はとうていおぼつかない。経済的に逼迫した生活から得るものなど何もなく、特に知的生活においては、そのために知識や能力の習得が中断されるという悪影響しか及ぼさない。

基本的に知的生活とは、調査研究を積み重ねながら、そのほとんどを勉強に明け暮れる生活であるといっても過言ではない。ときには一日執筆するために、一ヶ月もかけて調査研究しなければならないこともある。そんな知的生活をする上で最も悪影響を及ぼすのは、経済的な不安による生活の逼迫なのだ。

お金が目当てになると知的仕事の質は落ちる

貧しさに陥ると、科学者は研究をあきらめて、手っ取り早く稼げる大衆向けの講義をしなければならなくなる。古代史の研究家もくだらない小説を読んで匿名の書評を書かなければならないし、画家も本格的な絵を描くことをあきらめて、金目当ての絵を機械的に制作しなければならなくなってしまう。

135

経済的基盤が知的な業績を生み出す

経済的に恵まれたために大きな知的成果を挙げたのが『近代画家論』を書いたラスキンだ。彼の優れた知的業績の数々も、経済的に恵まれていなかったら、とうてい達成できなかっただろう。

もちろん、このことはラスキンの才能の素晴らしさを否定するものではない。しかし、彼の業績が優れていた大きな理由の一つがその資料の素晴らしさにあったことを考えると、彼が貧乏であったなら、とうていそうした資料を入手できなかったこともまた確かなことなのだ。

その意味で、ラスキンの17年間にわたる研鑽の賜物である名著『近代画家論』は単なる天才の著作ではなく、経済的な不安がまったくなかった天才による著作だといえる。

136

経済的不安は精神的苦痛を招く

かろうじて毎日暮らしていける程度の経済力しかないと、遠大な研究計画も実現することができないばかりでなく、ときには健康を害したり、人間性に悪影響が出たりして人生を破壊してしまうことがある。そんな状態で知的生活などできるわけがない。

知的人間にとって一番大切なことは、自分自身の仕事をうまく成し遂げるということだ。それだけに、そうした知的人間にとっては、金がないために思う存分自分のしたい研究ができないということが、何にもまして耐え難い精神的苦痛を招くことになる。金がないということは、知的生活にとっては何よりも大きな障害となるのだ。

137

有名な文学者たちの経済力

有名な詩人のシェリーは、詩を書いてもそれによって一文の金も得ることができなかった。もし彼に私財がなく収入を得る道がなかったならば、後世に残るような詩作をすることはできなかっただろう。

また、ワーズワースについても、彼にはシェリーのような私財はなかったが、一人の青年が彼に遺産を残してくれたおかげで経済的に苦しまず、心落ち着いて詩作に打ち込むことができた。

ドイツの文学者であるシラーとゲーテは経済的な面では対照的だった。貧困に苦しめられたシラーは、わずかな収入を得るためにフランス語の本の翻訳などをしなければならなかったので、その文学的才能を十全に発揮することなく、貴重な人生の大部分を無駄にすることになった。それに対して、経済的に恵まれたゲーテは何の心配もなく、思う存分知的活動に打ち込むことができたのだ。

138

お金は敵にも味方にもなる

知的人間にとっては、貧乏な学者や芸術家、科学者と話しているときが一番楽しい時間である。彼らはお金とは縁がない。それだけに彼らの話はいつまでも記憶に残り、われわれの精神を豊かにしてくれる。それに対して、知的人間にとっては、お金は反知性的なものであり、精神の自由な活動を束縛する。

しかし一方で、要塞が城を守ってくれるのと同じように、お金は知的生活者の心の平安を守ってくれる。堅固な守りがあって初めて、人は安心して仕事に励むことができるものだ。

知的生活者にとって最も重要なことは、お金を自分の時間を守ってくれる盾としてうまく利用し、お金のために時間を無駄にしないようにすることだ。

139

お金に対する反感は何の役にも立たない

知的人間が往々にして抱くお金に対する反感は、知的生活にとって何の役にも立たない。実際には、お金は知的生活を守ってくれるものであり、あだやおろそかに考えてはいけない。

140

思考の豊かさは自由に使えるお金の量に比例する

一般論として言えば、思考の豊かさは、自由に使えるお金の量に比例するといっていいだろう。もちろん、だからといって、自由に使えるお金さえあれば、立派な知的業績を挙げられるというものではない。しかし、自由に使えるお金があればあればそれだけ思想の土壌は耕され、水が十分に与えられ、その結果として知性の芽も出やすくなることは間違いない。

141

貧しさは選択と集中につながる

知的生活の観点から見たとき、貧乏であることがプラスに働くこともある。裕福な知的人間にとっては、世の中には食指を動かされることが多すぎて、どれに知的努力を集中してよいか分からないことがある。ところが、貧乏な人間にはそんなことは起こらない。

人間の世の中には平等化という偉大な法則が働いている。たとえ金持ちであっても、学べることには限界があり、何もかも習得することはできない。

実際、金持ちの中にはお金と時間を惜しまず何でも学ぼうとする者がいるが、結局は何も身につかない。それに対して、お金も時間もない貧乏な人が学べることはもともと限られており、それがかえって、高度な専門的研究につながることも多いのだ。

142

時間と健康さえあれば実力を発揮できる

かつての私は、生まれついての境遇や機会のほうが重要だと思い、個人の努力についてはそれほど重視していなかった。しかし、今ではむしろ個人の努力こそが重要であると考えるようになった。

知的人間に必要なのは時間と健康である。これさえあれば、実力を発揮する機会はいつでも訪れるものだ。

143

良質な読書体験はお金には替えられない

知的生活者にとって重要なことは、自分の生活を充実させることだ。それさえ実感できているのであれば、他人の生活と比較する必要などさらさらない。

あなたが最高の文学を読んでいるときは、ロスチャイルドのような大富豪と同様に、最高に充実した時間を過ごしているのである。

いや、あなたのほうがロスチャイルドよりもはるかに充実した時間を過ごしているといってもいい。私は素晴らしい書物を開くとき、いつもこうつぶやいている。

「私が羨む大富豪がいるとすれば、それは私が今読んでいる本以上のものを読んでいる者だけだ」と。

10

習慣を疑え

144

習慣の力は計り知れない

社会の定めには従うしかない。もしそれに従うことを拒否するのであれば、その結果を引き受けなければならない。そして社会の定めとはたった一つのことだ。それは「習慣」である。

宗教でさえも、それが社会の習慣に沿っていないならば、社会において影響力を持つことはできないのだ。

145

習慣は知的生活を妨げることがある

習慣というのは、多くの人間の要求にかなうように、人々が徐々に作り上げたものだ。そうした一般国民の習慣に盲目的に従うことは、ときとして知的生活にとって重大な妨げになることがある。

習慣への異議申し立ては文明を前進させる

知的な人間であれば誰でも、社会的習慣というものに懐疑的になることがあるはずだ。そうした疑問や疑念は古くなった習慣を改善するための天の計らいかもしれない。

なぜなら、そうした疑問や疑念が表明されなければ、習慣にも苔が生えて有害無益のものになってしまうからだ。その意味では、習慣に異議を唱える反抗者は文明を前進させる上で一定の役割を果たしているといえる。

しかし、あまりにも取るに足らないような問題に、その有益な反抗のためのエネルギーを浪費させてしまうのは考えものだ。

もしあなたがパーティに燕尾服を着て出ることに反対だとしても、そんなどうでもいいことに、あなたの貴重なエネルギーを使うことはやめよう。そのためのエネルギーは、あなたの知性が自由に活動できるときにとっておけばいい。燕尾服のことは仕立屋に考えてもらえばいいことであり、服装のことは社交界にまかせておけばいい。

147

自らの考えについては断固として主張せよ

あなたが何か自分の考えを主張するときには、決して人の言いなりになってはいけない。社交界のパーティで燕尾服を着るかどうかといった問題は仕立屋にまかせておけばいいが、自分の確固とした主義主張についてはどこまでもひるんではいけない。

148

反抗するに値することとそうでないことの見極めをつける

重要なことは、反抗するに値することとそうでないことの見極めをしっかりつけることだ。むやみやたらに社会の習慣に文句をつけたところで仕方がない。それよりも重要なことは、議論しても仕方がないようなことは放っておき、自分のやるべき仕事や思う存分能力が発揮できることに力を注ぐことである。

149

習慣という定めがあるからこそうまくいく部分がある

世の中の仕事というのは、習慣という社会的な決まりがなければ、なかなかはかどらないものだ。社会の習慣はわれわれの過去の大切な遺産であると考えるべきだ。もちろんそれは無謬の規則ではない。しかし、賢明な社会はそうした習慣に対して保守的なものである。

しかし、だからといって、そうした習慣に対して頑迷なまでに保守的であってはいけない。もしある習慣を変えることが社会をよくすることにつながるのであれば、それに対しては進んで耳を傾けなければならない。

150

悪い習慣には反対する勇気を持つ

ある習慣が社会に実質的な悪影響を及ぼし、社会の進歩に逆行していると確信するのであれば、その習慣を取り除くために堂々と反対を表明する勇気を持たなければならない。

世界の歴史を見れば、庶民の平和な生活に役立った素晴らしい行いだけでなく、恥知らずな悪行も習慣という強力な権威の名のもとに行われてきたことを忘れてはならない。

151

習慣を変えるには、小さな変化を積み重ねるのがよい

もしある社会習慣がすでに形骸化、あるいは悪影響を及ぼしていると判断した場合には、それを廃止することをためらってはいけない。しかし、それをうまく廃止するためには、それまで長い間人々が慣れ親しんできたその習慣に少し変化を加えた代替案を提示して、少しずつその形骸化した習慣を変えていくことが大切だ。

社会の習慣を変えていくためには、その習慣を一応は受け入れて従いながらも、それを徐々に改革していくという穏健なやり方をするほうが結果的には成功する確率が高くなる。

152

先人の努力に感謝を忘れない

現代社会に生きるわれわれは、不満を感じる部分が多々あるとはいえ、おおむね満足して生活しているといえるだろう。このように社会的にも経済的にもある程度満足して生活できるようになったのは先人たちの努力のおかげであり、それに対する感謝の念を持っておかねばならない。今日の進歩の多くは先人たちのおかげであり、われわれも次世代に更なる進歩を残していく義務がある。

153

伝統に敬意を払う

現代社会においては、伝統が大きな影響力を及ぼすことは昔に比べるとはるかに少なくなっている。しかし、それでも、知的で教養ある人間は、これからもそうした伝統に対して大いなる関心を持ち続け、敬意を払い続けていく必要がある。

154

当たり前に信じていたものにも批判的になるべきだ

今日では、科学的な発見が刺激となり、物事を批判的に見る精神が旺盛になっている。知的生活を志す者にはすべて、このような批判的精神が必要だ。

宗教や信仰に関してはまだまだ解決されていない問題が多いが、それらの問題がすでに解決済みであるとして批判精神を失うようであれば、それは知的に不正直な心が働いていると言わなければならない。

155

知的に正直に生きる

知性の発展とともに、われわれは自分たちの手の届く限りで最高の真理を獲得したいと願っている。そうした願いは決して神を冒瀆するような不遜なものではなく、われわれの知性が示すまぎれもない正直さなのである。

知的に正直に生きるというのは簡単なことではない。知的生活にとって危険なことは、自分の心の中で正直に感じていることを否定したり、それと正反対のことを無理やり信じ込もうとすることである。いったんそんなことをしてしまうと、もはや知的に正直に生きていくことはできなくなってしまう。

156

真実は潔く受け入れる

合理的に筋を通して知的にものを考えるためには、その根底に知的正直さがなければならない。そのような知的正直さを維持するには、そのことに自分が賛成か反対かは別にしても、何事であれ真実は潔く受け入れるという心的態度が必要である。それを受け入れることが自分にとっていかに不愉快なことであろうと、真実に対しては頭を下げて、謙虚な気持ちで接しなければならない。

157

権威ではなく真実に敬意を払う

知的な人間は、どんな人の中にも権威を認めない。しかし、知的な人間は聖書の言葉であろうと、教皇が発した言葉であろうと、あるいは、科学者が発した言葉であろうと、無名の人が発した言葉であろうと、それが真実の言葉であれば等しく敬意を払うのだ。

158

宗教の教義を盲信してはいけない

宗教は人間がよりよい存在になるためには大変重要で強力な力になるものだ。しかし、宗教の教義について、それがある特定の時代には受け入れられていたとしても、それに反する事実が明らかになった場合は、そのことを明確に主張するのが知的正直さというものである。

159

知性とは合理的な思考法によって頭を使うことだ

知性は、その人が謙虚であるとか、信心深いからということで与えられるものではない。それは、最も純粋で合理的な思考法によって頭を使う人にだけ与えられるものなのだ。

160

知性は頭の中だけではなく行動にも表れる

偉大なる知性は頭の中だけで回転するものではない。それは実際の行動となって表れてくるものであり、決して人の意見に左右されない自分独自の発想に基づくものである。

161

教養は思いやりの心を生み出す

知的生活によって養われた教養がわれわれにもたらす最も尊い成果の一つは、人に対する思いやりの心が増すことだ。しかし、上流階級的な傲慢な考え方に毒されると、せっかく教養を身につけたとしても、そうした思いやりの心は逆に失われてしまうことになる。

健康で道徳的な生活こそが高級だ

世の中には高級な生活というものが確かに存在する。健康で道徳的な生活、あるいは、何の悩みもなく純粋に知的活動に打ち込めるような生活というのは、病気がちでふしだらな生活や、くだらない悩みごとに振り回され知的活動に打ち込めない生活よりもはるかに高級である。

163

喜んで人に教える

知的生活で最も素晴らしいことは、自分の知的努力の成果を惜しげもなく喜んで人に教えることである。純粋な気持ちで進んで人にものを教えるということはその人の心の広さを示すものであり、教養を身につけた人間の最も素晴らしい特徴なのだ。

164

知的生活者の精神は自由に飛翔できる

知的人間の最も大きな特徴の一つは、いかなる習慣や偏見にもとらわれず、自由に物事を考えることができるということだ。世間のしきたりや規則に束縛されることなく、自由に精神を大空まで飛翔させることができる。

そうした知的人間が目指す精神の自由さは、野生のミツバチの奔放さに似ている。

ミツバチが花から花へと飛んでいるのは、誰かに指示されてのことでも、前もって定められた規則に従っているわけでもない。しかし、それでも一日の終わりには、その日の収穫としてたっぷり蜜をためて巣に帰ってくるのだ。

165

知的生活者は疑い続ける

知的人間は、かりにある事柄についていったん結論が出たとしても、それを決して最終的なものであるとは考えない。常に物事は暫定的であると考える。

われわれが現在正しいと信じていることも、ひょっとしたら明日には新しい真実にとって替わられる可能性がある。今日の真実はそれまでのあいだ一時的に正しいと信じているに過ぎないのだ。

11

知的生活を維持できる関係を築く

166

知的な友人と孤独な時間を確保する

教養にとって最も好ましいのは、優れた知性の人と平等に語り合える時間を持つと同時に、自分ひとりになれる時間も十分確保することだ。

私の理想は、ロンドンで自分の住んでいるすぐ近くに知的な会話ができる教養のある友人を持つ一方、それと同時に、カモメや大西洋の大波以外は友とするようなものもないヘブリディーズ諸島にも知的に充実した生活空間を確保することである。

167

結婚とはお互いが寄り添って成長することだ

この人と結婚したことが果たして賢明なことであったかどうかの答えが出るまでには、一生の半分はかかる。真実の結婚とは、単なる一時的な契約ではない。ぴったり寄り添って植えられた2本の木が、長い時間をかけてお互いに交わりながら少しずつ成長していくようなものだ。

他人の結婚の正しさを知る者はいない

結婚については誰もが無知である。私はしばしば他人の結婚について誤解してきたが、他人も私の結婚については大いに誤解してきたのだ。

169

結婚で知的生活者の世界は大きく変わる

知的生活は、ときにはおそろしく孤独なものである。知的生活に身を捧げた者は、誰もいない空間で一人猛烈な孤独感に襲われることがある。そんなとき、そばでその人を理解し、やさしく見守ってくれる相手がいてくれれば、知的生活者の世界は大きく変わる。

170

夫婦の幸せは知的な会話が交わせることだ

夫婦の幸せといってもそれはさまざまであり、夫婦間に知的な会話がなくても、お互いそれなりに満足している場合も多い。

しかし、およそ知的な人間であれば、配偶者に自分の知的生活を理解してもらわない限り、決してよい結婚をしたとはいえないだろう。

171

知的な夫婦の会話にはいつも発見がある

結婚における理想的な知的生活というのは、自分が最も興味があることについて、夫婦で常に会話ができることである。

結婚生活が退屈なものになるのは、夫婦の知力が衰えたからではなく、ある話題について相手がどんな話をするか最初から分かってしまうからだ。夫婦間でも、あまりにお互いを知りすぎるということは望ましいことではない。

知的な夫婦関係を長持ちさせる秘訣は、お互いが興味をもてることについて内容のある会話ができるように努力することである。そのためには、お互いが常に新しい知識や思想によって自分の頭が硬くならないようにしたい。そうした努力を怠ると、夫婦間には必ず倦怠感が起こる。

172

結婚と知的生活の両立は難しい

結婚するということは時間とお金を大量に犠牲にすることになり、それはときとして知的生活の妨げになる。結婚すれば、独身時代のように自分の時間をすべて自分の好きなように使うことはできなくなるのだ。独身時代のように孤独を楽しむことと、そうした孤独を楽しむことができなくなる結婚生活を調和させることはなかなか大変なことである。結婚することは精神的な安定や成長にもつながる素晴らしいことであるが、知的生活者にとってはそれなりのリスクを伴うものであることも忘れてはいけない。

ハマトンの知的生活のすすめ

発行日　2018年5月25日　第1刷

Author　P. G. ハマトン
Translator　三輪裕範

Book Designer　松田行正　倉橋弘

Publication　株式会社ディスカヴァー・トゥエンティワン
〒102-0093　東京都千代田区平河町2-16-1 平河町森タワー 11F
TEL　03-3237-8321（代表）　FAX　03-3237-8323
http://www.d21.co.jp

Publisher　干場弓子
Editor　藤田浩芳　渡辺基志

Marketing Group
Staff　小田孝文　井筒浩　千葉潤子　飯田智樹　佐藤昌幸　谷口奈緒美　古矢薫
蛯原昇　安永智洋　鍋田匠伴　榊原僚　佐竹祐哉　廣内悠理　梅本翔太
田中姫菜　橋本莉奈　川島理　庄司知世　谷中卓　小木曽礼丈
越野志絵良　佐々木玲奈　高橋雛乃

Productive Group
Staff　千葉正幸　原典宏　林秀樹　三谷祐一　大山聡子　大竹朝子　堀部直人
林拓馬　塔下太朗　松石悠　木下智尋

E-Business Group
Staff　松原史与志　中澤泰宏　西川なつか　伊東佑真　牧野類　倉田華

Global & Public Relations Group
Staff　郭迪　田中亜紀　杉田彰子　奥田千晶　李瑋玲　連苑如

Operations & Accounting Group
Staff　山中麻吏　小関勝則　小田木もも　池田望　福永友紀

Assistant Staff　俵敬子　町田加奈子　丸山香織　小林里美　井澤徳子　藤井多穂子
藤井かおり　葛目美枝子　伊藤香　常徳すみ　鈴木洋子　石橋佐知子
伊藤由美　小川弘代　畑野衣見　森祐斗

Proofreader　文字工房燦光
Printing　共同印刷株式会社

ISBN978-4-7993-2268-0